Trânsito 3

Silvio José Mazalotti de Araújo

Graduado em Direito (UFPR). Coronel da Reserva da Polícia Militar do Paraná.

Marli Tereza de Araújo Honaiser

Graduada em Pedagogia.

 **1ª edição Curitiba 2013**

Compartilhando as vias de trânsito

Dados para catalogação
Bibliotecária responsável Luciane Magalhães Melo Novinski
CRB 1253/9 – Curitiba, PR.

Araújo, Silvio José Mazalotti de.

Trânsito : compartilhando as vias de trânsito, 3 / Silvio José Mazalotti de Araújo, Marli Tereza de Araújo Honaiser ; ilustrações Adriano Loyola, Ivan Sória Fernandez – Curitiba : Base Editorial, 2013

64p. : il. ; 28cm (Coleção Trânsito, v.3)

ISBN: 978-85-7905-838-7
Inclui bibliografia.

1. Trânsito. 2. Automóveis. 3. Sinais e sinalização. 4. Segurança no trânsito. I. Honaiser, Marli Tereza de Araújo. II. Título. III. Série.

CDD (20ª ed.) 388.31

Trânsito : compartilhando as vias de trânsito, 3
© Marli T. de A. Honaiser; Silvio J. M. de Araújo.
2013

Ficha técnica

Conselho editorial
Mauricio Carvalho
Oralda A. de Souza
Renato Guimarães
Dimitri Vasic
Carina Adur de Souza

Coordenador editorial
Jorge Alves Martins

Editor
Carmen Lucia Gabardo

Iconografia
Osmarina F. Tosta

Revisão
Caibar Pereira Magalhães Júnior

Projeto gráfico e capa
Fernanda Luiza Fontes

Editoração
CWB design

Ilustrações
Adriano Loyola
Ivan Sória Fernandez

Editoração e Finalização
Solange Eschipio

Base Editorial Ltda.
Rua Antônio Martin de Araújo, 343 • Jardim Botânico • CEP 80210-050
Tel.: (41) 3264-4114 • Fax: (41) 3264-8471 • Curitiba • Paraná
www.baseeditora.com.br • baseeditora@baseeditora.com.br

CTP, Impressão e Acabamento
IBEP Gráfica

Apresentação

Oi, amigos!

Nós somos especiais e inconfundíveis, somos importantes na nossa família, no nosso grupo de amigos, na nossa cidade e no nosso país.

Nós somos muito importantes no mundo!

No trânsito, essa importância é demonstrada pela ação correta de cada um para com os outros.

Criança inteligente sabe que deve estar sempre atenta e preocupada com sua segurança, e a ação responsável faz a harmonia no trânsito, que é o espaço de todos.

Os autores

Sumário

1. Diferenças individuais no trânsito 8

As individualidades no espaço que é de todos 8

Boas atitudes no trânsito 13

2. Valores no trânsito 15

O compromisso de cada um na segurança de todos 15

O pedestre é responsável quando: 16

A pessoa é respeitosa e colaboradora no trânsito quando: 17

"Chapeuzinho Amarelo" 20

Tipos de comportamento no trânsito 22

3. Tipos de veículos 26

Classificação dos veículos no trânsito terrestre 26

Normas no trânsito 33

Cinto de segurança 34

Equipamento de segurança 36

A poluição do meio ambiente 39

Boas ações para combater o aquecimento global 41

4. Sinalização de trânsito 45

A importância da sinalização de trânsito 45

Outras placas de advertência 46

Placas de regulamentação 47

Placas de indicação 48

5. Atenção e segurança no trânsito 54

Caminhar com segurança 54

6. Cidadão no trânsito 59

Direitos dos pedestres.. 59

Placas de regulamentação 62

Serviços auxiliares.. 62

Placas de advertência.. 63

Referências 64

Compartilhando as vias de trânsito

Convivendo com as diferenças

Desenvolvendo

Aprimorando os relacionamentos

No cotidiano do trânsito

1 Diferenças individuais no trânsito

As individualidades no espaço que é de todos

O trânsito é um local que reúne pessoas bem diferentes entre si, e isso é muito bom!

Porém, é preciso saber conviver com as diferenças, reconhecendo e exercendo nossos direitos e deveres como cidadão participativo e responsável pelo bem-estar coletivo.

Os direitos e deveres do cidadão são determinados pelas leis e pelos códigos. A lei máxima é a Constituição da República Federal do Brasil. Além dela, temos os códigos, que são leis específicas. No trânsito, há o Código de Trânsito Brasileiro.

A Constituição Federal, em seu Artigo 244, dispõe sobre a adaptação dos logradouros, edifícios de uso público e dos veículos de transporte coletivo, com rampas, elevadores e guias rebaixadas, garantindo o acesso de pessoas com deficiência.

A lei federal também estabelece a obrigatoriedade da colocação do Símbolo Internacional de Acesso nos locais utilizados pessoas com deficiência.

Assim, os locais marcados com o símbolo ♿ são exclusivos, cabendo às demais pessoas fazer uso de outros lugares.

- No quadro abaixo, verifique as diferenças individuais:

Fique atento!

1. Relacione as palavras, ao seu antônimo, estabelecendo as diferenças:

1	Alegre	☐	Atento
2	Alto	☐	Destro
3	Magro	☐	Agitado
4	Distraído	☐	Descontrolado
5	Extrovertido	☐	Ouvinte
6	Canhoto	☐	Gordo
7	Surdo	☐	Triste
8	Apressado	☐	Introvertido
9	Calmo	☐	Baixo
10	Controlado	☐	Moroso

2. Rafael utiliza cadeira de rodas porque teve paralisia cerebral. No quadro, marque com um círculo vermelho os locais que apresentam obstáculos ao acesso de Rafael:

3. Gabriel é surdo. Ele se comunica por meio de gestos e sinais que fazem parte da Língua Brasileira de Sinais (LIBRAS).

Alfabeto manual

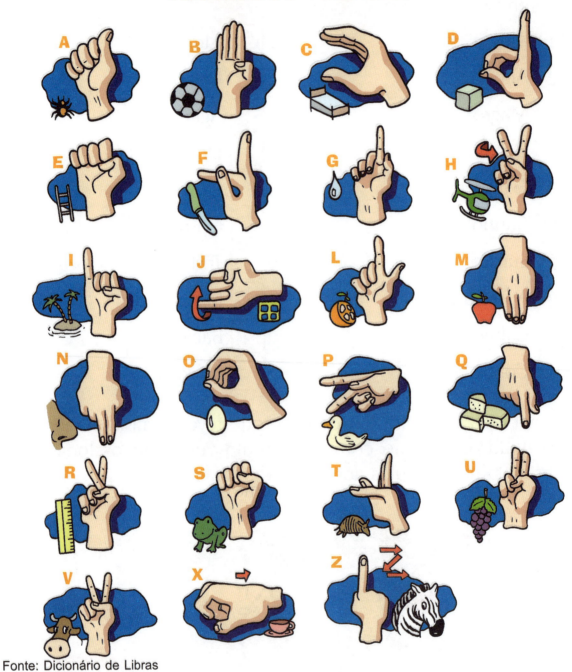

Fonte: Dicionário de Libras

Utilize o alfabeto manual para soletrar:

"GABRIEL NO TRÂNSITO"

4. Complete:

A _____ é utilizada pelos cegos em sua locomoção, pois ajuda a identificar os obstáculos.

Boas atitudes no trânsito

- No trânsito, ofereça sua ajuda sempre que uma pessoa com deficiência.

- Oriente os cegos quando houver degraus ou obstáculos, ofereça seu braço ou cotovelo para guiá-lo na travessia das vias.

- A pessoa com paralisia cerebral anda com dificuldade ou não anda, pode ter problema de fala e movimentos descoordenados. Respeite suas dificuldades.

- Os usuários de acessórios ortopédicos se locomovem com dificuldade, por isso a ajuda do próximo pode ser importante para a sua segurança no trânsito.

- Integrar as individualidades de forma produtiva e respeitosa garante a convivência harmoniosa no TRÂNSITO, que é o ESPAÇO DE TODOS.

Monte!

5. Recorte, de revistas e jornais, figuras do trânsito. Cole essas figuras representando o tema "TRÂNSITO – O ESPAÇO DE TODOS".

2 Valores no trânsito

O compromisso de cada um na segurança de todos

Respeito, cortesia, cooperação, solidariedade e responsabilidade são atitudes corretas e muito importantes no trânsito, pois contribuem para o bem-estar e a segurança de todos.

Aquele que age no meio social unicamente em função dos seus interesses individuais está desrespeitando o direito do outro. No trânsito, esse comportamento vem causando acidentes graves e muitas mortes.

As pessoas que são respeitosas, responsáveis, colaboradoras, educadas e que sabem avaliar os riscos, dificilmente se envolvem em acidentes de trânsito e, em geral, são bons motoristas.

O pedestre é responsável quando:

- Utiliza sempre a faixa de travessia ao cruzar a rua;

- Caminha pelo lado de dentro da calçada, longe da rua;

- Usa as passarelas e túneis especiais para pedestres, para ter uma travessia segura;

- Antes de atravessar a rua, verifica se o sinal está verde no semáforo de pedestre;

- Na ausência de semáforos, olha para os dois lados e atravessa a via em linha reta.

A pessoa é respeitosa e colaboradora no trânsito quando:

- Usa palavras como "por favor", "muito obrigado", "com licença", etc. dentro do transporte coletivo;

- Presta ajuda às pessoas com deficiência na travessia das vias;

- Oferece o lugar às pessoas idosas, às gestantes e às pessoas com deficiência dentro do transporte coletivo;

- Ajuda seu irmão menor a colocar o cinto de segurança;

- Orienta seus amigos sobre os perigos no trânsito.

CORTESIA, RESPEITO, SOLIDARIEDADE são fundamentais para a harmonia do trânsito.

1. Escreva aqui uma situação, vivida por você ou por seus pais, de bom comportamento no trânsito.

_____
_____
_____
_____
_____
_____
_____
_____
_____
_____
_____
_____
_____
_____

"Chapeuzinho Amarelo"

Era a Chapeuzinho Amarelo.
Amarelada de medo.
Tinha medo de tudo,
aquela Chapeuzinho.
Já não ria.
Em festa, não aparecia.
Não subia escada
nem descia.
Não estava resfriada,
mas tossia.
Ouvia conto de fada
e estremecia.
Não brincava mais de nada,
nem de amarelinha.
Tinha medo de trovão.
Minhoca, pra ela, era cobra.
E nunca apanhava sol
porque tinha medo da sombra.
Não ia pra fora pra não se sujar.
Não tomava sopa pra não ensopar.
Não tomava banho pra não descolar.
Não falava nada pra não engasgar.
Não ficava em pé com medo de cair.
Então vivia parada,
deitada, mas sem dormir,
com medo de pesadelo.
[...]

HOLANDA, Chico Buarque de. **Chapeuzinho Amarelo**. Rio de Janeiro: José Olympio, 1997.

Responda!

1. Você acha que existe uma criança como Chapeuzinho Amarelo?

   _____
   _____
   _____

2. Que atitudes uma pessoa como Chapeuzinho Amarelo pode ter no trânsito?

   _____
   _____
   _____
   _____

3. Que conselhos você daria para Chapeuzinho Amarelo?

   _____
   _____
   _____
   _____
   _____
   _____
   _____

Tipos de comportamento no trânsito

Os sentimentos de medo, angústia e incerteza existem dentro das pessoas e podem alterar o bom comportamento delas no trânsito.

Existem pessoas que têm medo do trânsito, têm medo de dirigir. Esse medo é positivo quando se manifesta como comportamento de cautela e faz a pessoa avaliar os riscos, mas é negativo quando deixa a pessoa sem ação no trânsito.

A pessoa angustiada representa um risco no trânsito, porque tudo a incomoda.

A raiva é uma explosão impensada e descontrolada, que leva quase sempre a atitudes inadequadas no trânsito.

A insegurança aparece em pessoas que não conhecem ou não reconhecem o seu próprio valor. São pessoas que precisam ser "a melhor", ou aquelas inseguras, indecisas em suas ações.

O distraído, "aéreo ou avoado", tem sua atenção desviada para outros acontecimentos. Expõe-se a riscos e acidentes no trânsito.

O trânsito depende diretamente da forma com que as pessoas dele participam.

1. Escolha um tipo de comportamento no trânsito. Agora escreva um texto sobre esse comportamento. Ilustre e coloque-o no mural de sua sala de aula.

_____
_____
_____
_____
_____
_____
_____
_____

2. Nos quadros abaixo, escreva uma história em quadrinhos, com os seguintes elementos no sistema trânsito:

a) um pedestre distraído;

b) um motorista com raiva;

c) semáforo para pedestres;

d) semáforo para veículos;

e) faixa de travessia de pedestres;

f) placas de sinalização de trânsito.

3 Tipos de veículos

Classificação dos veículos no trânsito terrestre

O Código de Trânsito Brasileiro classifica os veículos quanto à espécie em:

- Automóvel: veículo automotor destinado ao transporte de passageiros;

- Camioneta: veículo automotor destinado ao transporte de carga e passageiros;

- Caminhonete: veículo automotor para o transporte de carga com peso bruto de até 3 500 kg;

- Reboque: veículo que funciona engatado atrás de um veículo automotor;

- Ônibus: veículo automotor destinado ao transporte coletivo;

- Veículo articulado: combinação de veículos acoplados, sendo um deles automotor;

- Motor-casa (*motor-home*): veículo automotor com carroceria fechada para servir de alojamento, escritório, comércio, etc;

- Trailer: reboque ou semirreboque tipo casa, acoplado à traseira de automóvel ou camioneta, para atividade de alojamento em viagens turísticas;

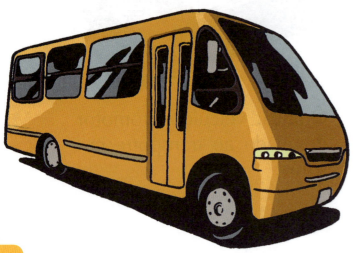

- Micro-ônibus: veículo automotor de transporte para até vinte passageiros;

- Bicicleta: veículo de propulsão humana, com duas rodas;

- Carro de mão: veículo de propulsão humana, para o transporte de pequenas cargas;

- Carroça: veículo de tração animal destinado ao transporte de carga;

- Charrete: veículo de tração animal para o transporte de pessoas;

- Ciclomotor: veículo com duas ou três rodas, provido de motor com velocidade de até 50 km/hora;

- Motocicleta: veículo automotor de duas rodas, dirigido por condutor em posição montada;

- Motoneta: veículo automotor de duas rodas, dirigido por condutor em posição sentada;

- Trator: veículo automotor destinado ao trabalho agrícola, de construção ou pavimentação, ou para tracionar outros veículos ou equipamentos;

- Metrô: sistema de trens que circulam quase que exclusivamente por vias subterrâneas, utilizados para transportar grande quantidade de passageiros;

- Trem: composição de vagões tracionados por locomotiva, que circula sobre trilhos, destinado ao transporte de passageiros e cargas;

Os veículos terrestres são de fundamental importância no transporte de pessoas e cargas de um lugar a outro.

Represente!

1. Desenhe os veículos que sua família mais utiliza:

No passeio

No trabalho

No transporte

2. Desenhe os veículos mais utilizados na região de sua residência:

3. Separe os veículos citados abaixo em lentos e rápidos:

Trator – carroça – automóvel – ônibus – metrô – trem – bicicleta – carro de mão – charrete – motocicleta – caminhão – caminhonete – ônibus articulado.

LENTOS	RÁPIDOS

Normas no trânsito

O ônibus transporta um maior número de pessoas, portanto ele tem preferência no uso das ruas.

Nas grandes cidades existem faixas exclusivas para os ônibus de transporte coletivo.

As normas regulamentam as condições para estacionamento, parada, embarque e desembarque de passageiros. Ao observar a sinalização estabelecida, as pessoas estarão seguras no trânsito.

Em uma pista de rolamento com várias faixas de circulação no mesmo sentido, a pista da direita é destinada ao trânsito de veículos mais lentos.

Cinto de segurança

O uso do cinto de segurança é obrigatório para o motorista e para todos os passageiros do veículo em todas as vias do território nacional (Artigo 65 do Código de Trânsito Brasileiro).

A utilidade do cinto de segurança é fixar a pessoa no banco do veículo. Ele foi projetado para travar em paradas bruscas e colisões, evitando que as pessoas se machuquem quando acontece uma batida, ou que sejam lançadas para fora ou sofram traumas ao colidirem com painel e partes internas do veículo com o impacto.

Deve-se usar sempre o cinto de segurança, mesmo em pequenos percursos.

O cinto de segurança não vai impedir acidentes, mas pode diminuir as consequências, desde que usado corretamente.

Cantiga
Cinto de segurança

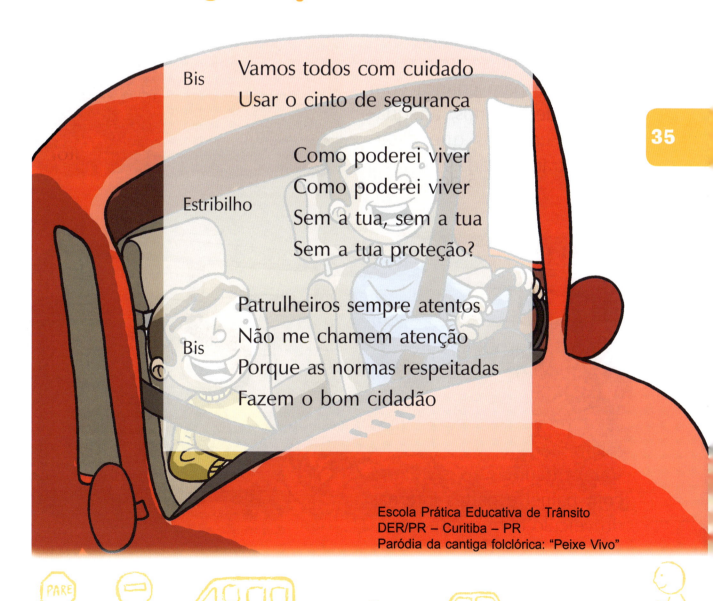

Bis
Vamos todos com cuidado
Usar o cinto de segurança

Estribilho
Como poderei viver
Como poderei viver
Sem a tua, sem a tua
Sem a tua proteção?

Bis
Patrulheiros sempre atentos
Não me chamem atenção
Porque as normas respeitadas
Fazem o bom cidadão

Escola Prática Educativa de Trânsito
DER/PR – Curitiba – PR
Paródia da cantiga folclórica: "Peixe Vivo"

Equipamento de segurança

As crianças menores de 10 anos devem ser transportadas sentadas no banco traseiro e usar individualmente o cinto de segurança. Deve-se utilizar também o dispositivo de trava de segurança das portas do veículo.

O veículo utilizado para o transporte escolar deverá dispor de todos os equipamentos de segurança, dentre eles o cinto de segurança e a cadeirinha para criança com menos de 10 anos, adequados às crianças que estão sendo transportadas.

O capacete é um equipamento obrigatório para os motociclistas.

Os bebês devem ser transportados no banco traseiro e em cadeirinhas adequadas.

1. Que conselhos você daria a uma pessoa que não usa equipamentos de segurança no trânsito?
Escreva aqui:

_____
_____
_____
_____
_____
_____
_____
_____

2. Entreviste uma pessoa de sua família para saber mais sobre a importância do uso dos equipamentos de segurança no trânsito. Relate para os colegas essa entrevista.

3. Desenhe o veículo de seu transporte escolar, identificando os equipamentos de segurança.

A poluição do meio ambiente

Tudo o que nos cerca é meio ambiente. Assim, a atmosfera, os rios, os mares, o clima, as montanhas, as florestas, as cidades, todos os vegetais, todos os animais, incluindo o homem, formam o meio ambiente.

O progresso trouxe muitos veículos e hoje nós dependemos deles para quase tudo.

A quantidade de veículos transitando nas vias aumenta todos os dias. E esse aumento corresponde a milhares de carros diariamente nas vias das grandes cidades do mundo todo.

Os gases gerados pelos motores dos veículos e eliminados pelos escapamentos dos veículos poluem o ar.

Os veículos com motores movidos a álcool poluem menos que os à gasolina, que, por sua vez, poluem menos que os movidos a diesel. O gás natural veicular polui menos que os outros combustíveis.

A poluição está provocando o aquecimento global ou efeito estufa,alterando o clima da Terra, causando secas, enchentes, derretimento das geleiras dos polos e todo o tipo de desastres naturais.

Saiba mais!

Consequências do aquecimento global

ALTERAÇÕES CLIMÁTICAS

Ondas de calor.

Chuvas intensas.

Aumento do nível dos oceanos.

POLUIÇÃO DO AR
Doenças infecciosas do aparelho respiratório.

IMPACTO NA AGRICULTURA
Secas
Necessidade de irrigação.
Precipitações
Baixa produção.

IMPACTO NAS FLORESTAS
Alteração na qualidade das águas e no aspecto geográfico da Terra.

IMPACTO NOS RECURSOS AQUÁTICOS
Mudanças no suprimento de água.
Mudanças na qualidade da água.

IMPACTO NO LITORAL
Erosões.
Inundações.

ALTERAÇÃO DO HÁBITAT DAS ESPÉCIES

Boas ações para combater o aquecimento global

- Gastar menos água

- Não jogar lixo no meio ambiente

- Separar o lixo que pode ser reciclado

- Plantar árvores

- Evitar queimadas
- Usar transporte coletivo

 Pinte!

1. Observe os veículos no cenário abaixo.
   Circule de verde os menos poluentes e de vermelho os mais poluentes.

 Saiba mais!

Em Londres, o ônibus de transporte coletivo é assim.

No Egito, a visita às pirâmides é feita em camelos.

Na Inglaterra, os veículos têm o volante no lado direito.

Na China, os riquixás são um meio de transporte popular e barato.

4 Sinalização de trânsito

A importância da sinalização de trânsito

A sinalização é muito importante porque orienta, adverte e disciplina os elementos do trânsito.

O cidadão tem o dever de conhecer, proteger, respeitar e obedecer à sinalização de trânsito, para que seja garantida a segurança de todos.

O cidadão tem o direito a vias devidamente sinalizadas e seguras para o seu trânsito.

Placas de advertência

As **placas de advertência** são geralmente quadradas, de cor amarela, com detalhes em preto e indicam perigo.

Por exemplo:

Nesta área, os motoristas devem reduzir a velocidade e redobrar a atenção.

Outras placas de advertência

Semáforo à frente.

Área escolar.

Animais.

Parada obrigatória.

Trânsito de ciclistas.

Passagem sinalizada de pedestres.

Rua sem saída.

Saliências ou lombadas.

Crianças.

Trânsito de tratores ou maquinaria agrícola.

Aeroporto.

Pista escorregadia.

Placas de regulamentação

As placas de regulamentação têm, em geral, bordas vermelhas, fundo branco, com caracteres em preto e indicam obrigação ou proibição.

Vamos conhecer algumas delas

Proibido trânsito de bicicletas.

Proibido trânsito de veículos automotores.

Proibido trânsito de veículos de tração animal.

Proibido ultrapassagem.

Pedestre, ande pela direita.

Circulação exclusiva de bicicletas.

Pedestre, ande pela esquerda.

Circulação exclusiva de ônibus.

Proibido trânsito de pedestres.

Proibido acionar buzina ou sinal sonoro.

Dê a preferência.

Estacionamento regulamentado.

Placas de indicação

As placas de indicação são informativas e utilizadas para indicar serviços e locais de utilidade.

Vamos conhecer algumas delas

Área de estacionamento.   Pronto-socorro.   Restaurante.

Serviços telefônicos.   Abastecimento.   Área de campismo.

Hotel.   Aeroporto.   Pedágio.

1. Recorte as placas de sinalização e coloque-as nas duas situações de trânsito a seguir:

   a) Sinalização nas proximidades da escola:

b) Sinalização de trânsito de área escolar:

Recorte

 Confeccione!

2. Confeccione, em papel cartolina, uma placa de sinalização de trânsito para pedestre.
   Apresente-a aos colegas, relatando a sua importância no trânsito.

5 Atenção e segurança no trânsito

Caminhar com segurança

Você sabia que os acidentes de trânsito ocorrem, na maioria das vezes, por falta de cuidado dos motoristas ou dos pedestres?

Muitas pessoas perdem a saúde por serem vítimas de acidentes de trânsito. Outras morrem no local de acidente.

Para preservar nossa vida e nossa saúde, precisamos transitar com atenção e segurança, sempre atentos à sinalização de trânsito.

Na calçada, longe do meio-fio, é o lugar correto para o pedestre transitar. Infelizmente algumas calçadas apresentam buracos ou pedras irregulares, por isso é necessária muita atenção ao circular nesse local.

O pedestre só pode atravessar a rua quando a luz verde do semáforo de pedestre estiver acesa e sempre pela faixa de travessia.

Se não houver semáforo de pedestre e faixa de travessia, olhe atentamente para os dois lados para ver se não estão vindo veículos e atravesse a via em linha reta.

Nunca atravesse a rua correndo; fique atento ao trânsito das pessoas e dos veículos.

Ao atravessar a rua pela faixa de segurança, nunca pare sobre ela nem empurre seu colega para o meio da rua. Brincadeiras desse tipo podem causar acidentes graves.

Como pedestres, temos que ver e ser vistos no trânsito. Transitar entre os veículos é um risco.

Utilize sempre a passarela de pedestre, quando houver.

Faça!

Você é um pedestre cuidadoso

1. Escreva cinco cuidados que você tem no trânsito.

_____
_____
_____
_____
_____
_____

Cante!

2. Cante com seus colegas a paródia abaixo.

Pedestre seguro
(Música Criança Feliz).

Criança feliz, feliz a andar

Pelas ruas sempre atenta

Vai transitar.

É preciso saber sua vida cuidar

Sempre na faixa segura atravessar.

O sinal está verde
Pode cruzar
E se está vermelho vai esperar.

Com muita atenção
Pedestre educado
Vai com certeza
O mundo melhorar.

Lembre!

Nem sempre o caminho mais curto é o mais seguro.

Pinte!

Observe com atenção os dois quadros abaixo. Pinte aquele que apresenta um comportamento correto no trânsito.

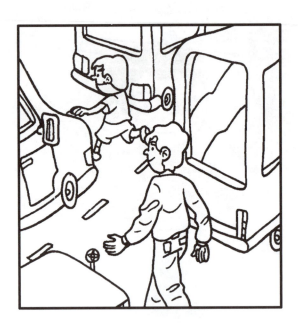

6 Cidadão no trânsito

Direitos dos pedestres

O Código de Trânsito Brasileiro estabelece os direitos das pessoas que transitam a pé.

O Art. 70 determina que o pedestre que estiver atravessando a via sobre a faixa, desde que não haja ali semáforo, terá a preferência de passagem.

Pessoas atravessando a rua na faixa de travessia.

Nos locais em que houver sinalização semafórica, os pedestres que não tenham concluído a travessia e os que já tiverem iniciado a travessia pela faixa, mesmo que haja mudança do semáforo, terão preferência.

O Art.71 determina que os órgãos ou entidades que administram as vias mantenham as faixas e as passagens de pedestres em boas condições de visibilidade, higiene, segurança e sinalização.

O Art.72 estabelece que todos os cidadãos têm o direito de solicitar sinalização e implantação de equipamentos de segurança no trânsito.

O Art. 74 determina que a educação para o trânsito é direito de todos.

Pessoas atravessando a rua na faixa de travessia.

Escreva!

1. Depois de ler o texto Direito dos Pedestres, escreva no espaço abaixo o que mais lhe chamou a atenção.

   _____
   _____
   _____
   _____
   _____
   _____
   _____
   _____

2. O pedestre tem sempre a preferência quando está sobre a faixa de travessia?

   Quando essa preferência é dos veículos?

   _____
   _____
   _____
   _____
   _____
   _____

Placas de regulamentação

Parada obrigatória.   Dê a preferência.   Sentido proibido.   Proibido virar à esquerda.

Proibido virar à direita.   Proibido ultrapassagem.   Proibido parar e estacionar.   Proibido estacionar.

Duplo sentido de circulação.   Proibido trânsito de bicicletas.   Velocidade máxima permitida.   Informações complementares 9.

Serviços auxiliares

Serviços telefônicos.   Serviço mecânico.   Abastecimento.   Informação turística.

Hotel.

Terminal rodoviário.

Pronto-socorro.

Restaurante.

Placas de advertência

Curva acentuada à esquerda.

Curva acentuada à direita.

Entroncamento oblíquo à direita.

Declive acentuado.

Pista sinuosa à esquerda.

Pista sinuosa à direita.

Pista irregular.

Saliências ou lombadas.

Trânsito de pedestres.

Passagem sinalizada de escolares.

Animais selvagens.

Rua sem saída.

Referências

Código de Trânsito Brasileiro, Imprensa Nacional. Brasília, 1998.

Departamento de Trânsito e Secretaria de Educação do Estado da Bahia. **Projeto de Educação de Trânsito**. Salvador, 1999.

ESCOLA Prática Educativa de Trânsito – DER/PR – Curitiba-PR.

HOLANDA, Chico Buarque de. Chapeuzinho Amarelo. Rio de Janeiro: José Olympio, 1997.

KUTIANSKI, Maria Lúcia A.; ARAÚJO, Silvio J. Mazalotti de. **Educando para o Trânsito** – Educação Infantil. São Paulo: Kalimera, 1999.

TECNODATA. **Educação no Trânsito**. Curitiba, 2001.

TOLENTINO, Nereide. **Trânsito**: qualidade de vida. São Paulo: Edicom, 2001.

SITES

<www.criançasegura.org.br>

<www.educardpaschoal.org.br>

<www.ufrgs.br/GPECT>

<www.transitocomvida.ufrj.br>

<www.detranpr.gov.br>

<www.detranrr.gov.br/projetotransitar>

<www.ilhamagica.com.br/transitandocomsegurança>